글 프랑크 파블로프 Franck Pavloff

1940년 프랑스에서 태어난 교육자이자 시인, 소설가입니다. 10여 년간 전 세계를 돌아다니며 지역 개발과 아동 인권 보호를 위해 활동했고, 범죄자들과 알코올 중독자들을 돕는 단체를 운영해 '거리의 선생님'이라고 불리기도 합니다. 1993년에 첫 소설을 발표한 이후 30여 종의 작품을 선보였습니다. 2005년에는 소설 《랑 오지타르의 다리 Le Pont de Ran-Mositar》로 프랑스 텔레비전 문학상을 받았고, 2009년에는 《위대한 추방 Le grand exil》으로 그랑 에스파스 문학상을 받았습니다.

1998년에 처음 발표한 《갈색 아침》은 국가 권력의 불의를 보고도 침묵하면 돌이킬 수 없는 비극적인 상황에 부딪힌다는 사실을 보여 주는 우화입니다. 실제로 이 작품은 2002년 프랑스 대통령 선거 당시, 사회적 이슈로 떠오르며 '갈색 아침 현상'을 일으켰습니다. 당시 프랑스에서는 극우파 후보인 장 마리 르펜이 결선 투표에까지 진출하는 이변이 벌어졌습니다. 이런 분위기 속에서 한 라디오 프로그램의 진행자가 청취자들에게 《갈색 아침》을 소개하며 이 책이 담고 있는 메시지를 알렸습니다.

다음 날 프랑스의 서점들은 《갈색 아침》을 사려는 사람들로 북적였고, 장 마리 르펜은 치명타를 입었다고 합니다. 이것이 바로 '갈색 아침 현상'입니다. 프랑스에서만 200만 부가량 팔린 이 책은 이후 25개 나라에서 번역되어 전 세계적인 베스트셀러가 되었습니다.

옮김 해바라기 프로젝트

대한민국을 세계에, 세계를 대한민국에 소개하는 해바라기 프로젝트는 좋은 책을 선보이기 위해 뜻을 모으고 있습니다. 해바라기 프로젝트 팀장 이하규가 옮긴 책으로는 《3초》《앨런의 전쟁》《신신》《68년, 5월 혁명》《어느 아나키스트의 고백》《체르노빌의 봄》 등이 있습니다.

MATIN BRUN Copyright © Franck Pavloff, 2002
First published in France by Cheyne Editeur.

Illustrations © Leonid Shmelkov, 2011
Published with the permission of KompasGuide Publishing House, Russia.

Korean translation copyright © HumanKids Publishing Company, 2013
This Korean edition is published by arrangement with Agence Littéraire Lora Fountain Associates through Sibylle Books Literary Agency, Seoul.

이 책의 한국어판 저작권은 시빌에이전시를 통해 저자와 독점 계약한 휴먼어린이에 있습니다.
저작권법에 의해 한국 내에서 보호를 받는 저작물이므로 무단 전재 및 무단 복제를 금합니다.

갈색 아침

Brown Morning

프랑크 파블로프 글 | 레오니트 시멜코프 그림 | 해바라기 프로젝트 옮김

휴먼어린이

어느 화창한 오후, 나는 단짝 친구 샤를리를 만났어요.

우리는 카페에 앉아서 따사로운 햇볕을 쬐었어요.

별다른 이야기는 하지 않았어요. 그저 느긋하게 향긋한 차를 마시고 있었죠.

그렇게 고요하고 평화로운 한때를 즐기고 있었답니다.

그런데 갑자기 샤를리가 키우던 개를 안락사시켰다는 이야기를 꺼냈어요.

나는 깜짝 놀랐지만, 생각해 보니 안타깝게도 그 불쌍한 개를 위해 해 줄 수 있는 게 아무것도 없었어요. 그래도 어쩔 수 없죠. 15년 정도 살았다면 언젠가는 하늘나라로 돌려보내야 하는 게 자연의 법칙이잖아요.

"자네도 우리 집 개를 본 적이 있지? 차마 그 녀석을 갈색이라고 우길 수는 없었어."

"그야 그렇지. 갈색이 아니라 검은색이었잖아.

그런데 무슨 큰 병이 들었기에 안락사까지 시킨 거야?"

"그게…… 사실은 병 때문이 아니야.

갈색이 아닌 개는 모두 없애라는 법이 생겨서 어쩔 수가 없었어."

"뭐? 갈색 개만 살려 두어야 한다는 법이 생겼다고? 지난번에는 고양이였잖아."

"그랬지."

갈색이 아닌 고양이는 모두 죽여야 한다는 법이 생긴 건 바로 지난달이었습니다.

나도 기르던 고양이를 없애야만 했어요.

내 고양이는 하얀 털에 검은 얼룩무늬가 있었거든요.

정부는 고양이가 너무 많이 불어나서 그런 법을 만들었다고 했습니다.

그건 사실이에요. 도시 곳곳에서 밤낮 없이 '야옹! 야옹!' 하는 소리가 들렸거든요.

과학자들은 갈색 고양이들만 살려 두어야 한다고 했어요. 오직 갈색 고양이만을요!

여러 가지 실험을 해 보니 갈색 고양이가 도시에서 살기에 가장 알맞다고 나왔대요.

새끼도 아주 조금만 낳고, 먹이도 많이 먹지 않는다고요.

나는 '치, 고양이가 다 똑같지. 갈색 고양이라고 특별하겠어?' 하고 생각했어요.

하지만 고양이 문제를 해결하기 위해서는 법을 따를 수밖에 없었습니다.

거리에서 군인들이 고양이를 없애라며 독이 든 고기를 나누어 주었어요.

독이 든 고기를 먹은 고양이들은 여기저기서 픽픽 쓰러졌습니다.

많은 고양이가 순식간에 죽어 버렸어요.

애지중지 기르던 고양이가 죽자, 나는 가슴이 너무 아팠어요.

하지만 금세 까맣게 잊었습니다.

그런데 이번에는 갈색이 아닌 개들을 모두 죽여야 한다니…….
너무 놀라 심장이 멎을 것만 같았어요.
고양이를 잃었던 아픔이 고스란히 되살아났어요.

하지만 샤를리는 아무렇지도 않아 보였어요.

어쩌면 샤를리의 태도가 옳을지도 모릅니다.

키우던 개를 죽였다는 죄책감이 든다고 해도, 이제 와서 어쩔 수 없잖아요.

샤를리와 나는 한참 동안 서로 얼굴만 쳐다보다가 자리에서 일어났어요.

딱히 할 말이 없었거든요.

그런데 뭔가 이상한 느낌이 들었습니다.

반드시 해야 할 이야기가, 꼭 해야만 할 이야기가 있는 것 같았어요.

며칠 뒤, 우리는 다시 만났습니다.
나는 샤를리에게 《거리 일보》가 폐간되었다는 소식을 알려 주었어요.
샤를리가 깜짝 놀라 자리에서 일어났습니다.

"왜? 직원들이 파업했어? 회사가 망하기라도 한 거야?"

"아니. 지난번 사건 때문이래."

"갈색 개 사건?"

"응.《거리 일보》에서 하루도 빠짐없이 그 법이 나쁘다며 비판했잖아.

과학자들의 연구 결과도 믿을 수 없다고 했고.

그래서《거리 일보》를 보던 사람들이 정부를 의심하기 시작했나 봐.

몇몇 사람은 개를 죽이지 않고 숨기기까지 했대!"

"쯧쯧. 정부를 비판하다니! 위험한 짓을 했군."

"맞아. 그래서 결국 문을 닫게 된 거야."

"그럼 이제 경마 정보는 어디에서 얻지?"

"이제는《갈색 신문》밖에 없어. 그 신문의 스포츠 기사도 나쁘지는 않대."

이제 우리 도시에는 정부를 지지하는 《갈색 신문》밖에 남지 않았습니다.

나머지 신문들은 모두 폐간되었으니까요.

샤를리와 나는 대화를 멈추고 커피만 마셨어요.

이제부터 《갈색 신문》만 봐야 한다고 생각하자, 가슴이 답답해졌어요.

하지만 카페에 있던 다른 사람들은 아무렇지도 않아 보였어요.

왜 나만 불안한 느낌이 드는 걸까요? 내 걱정이 너무 지나친 거겠죠?

얼마 지나지 않아 도서관에도 큰일이 벌어졌습니다.

며칠 전에 폐간된 《거리 일보》처럼 정부에 반대하던 출판사들이

하나둘씩 소송에 휘말려서 재판을 받게 되었어요.

그 출판사들이 펴낸 책들은 더 이상 도서관에서 볼 수 없게 되었죠.

그 출판사들이 낸 책에는 '개'나 '고양이'라는 단어가 한 번씩은 꼭 나왔거든요.

하지만 그들은 '갈색'이라는 말을 절대로 쓰지 않았어요.

이제 우리 도시에는 '갈색 개', '갈색 고양이'밖에 남지 않았는데 말이에요.

"법을 어겨 봤자 좋을 게 하나도 없지.

그런데 정부와 쫓고 쫓기는 고양이와 생쥐 게임을 하다니!"

이렇게 말한 샤를리는 화들짝 놀랐습니다.

그러더니 "내가 말하는 쥐는 '갈색' 쥐야, '갈색' 쥐."라고 재빨리 덧붙였어요.

우리는 혹시 누가 우리의 대화를 엿듣기라도 할까 봐 조심스레 주위를 둘러보았습니다.

그다음부터 우리는 언제나 말을 할 때 '갈색'이란 단어를 붙였어요.

처음에는 장난 삼아 "갈색 커피 한 잔 주세요."라고 말했어요.

그런데 이제는 모든 말에 '갈색'이라는 말을 붙였어요.

그래야 무조건 법을 따르는 착한 사람처럼 보였거든요.

그 덕분에 우리는 폐간된 《거리 일보》나 소송에 휘말린 출판사들과는 다르게 조용히 살아갈 수 있었어요.

며칠 뒤, 경마에서 우리가 돈을 건 말이 우승했어요.

기분이 참 좋았어요. 우리가 돈을 건 말은 갈색이었습니다.

갈색은 행운을 가져다주는 좋은 색이라는 생각이 저절로 들었어요.

그래서인지 갈색 법에 대한 걱정도 슬그머니 사라졌습니다.

축구 결승전 경기를 같이 보기로 한 날, 샤를리가 새로운 개를 데려왔어요.

그 개는 머리부터 꼬리까지 온통 갈색이었어요. 눈동자까지도요!

"어때? 검은색 개보다 붙임성도 좋고, 말도 잘 알아들어!

손짓, 눈짓만 해도 척척 알아챈다니까. 정말이야. 말썽도 피우지 않아!"

갈색 개는 샤를리의 말이 끝나기가 무섭게 후닥닥 소파 밑으로 기어들어 갔어요.

그러고는 아주 큰 소리로 마구 짖었죠.

어찌나 당당하게 짖어 대는지!

마치 "에헴! 이 몸은 갈색이시다! 그러니 그 누구도, 설령 주인이라 할지라도

감히 내게 명령을 내릴 수 없다!"라고 말하는 것 같았습니다.

"저 녀석이 왜 그러지? 이 집에 다른 동물이라도 있나? 설마, 너도?"
그때 갈색 고양이가 '슝' 하고 화살처럼 날아와 커튼을 타고 올라갔어요.
나의 새로운 고양이는 갈색 눈동자와 갈색 털을 가진 수컷이에요.
샤를리와 나, 둘 다 갈색 동물을 키우기로 한 거예요!
우리는 같은 생각을 했다는 게 재미있어서 깔깔대며 웃었어요.
"나는 늘 고양이를 길렀잖아.
고양이가 없으니까 쓸쓸하더라고. 어때? 예쁘게 생겼지?"
"오! 네 고양이도 머리부터 꼬리까지 온통 갈색이네. 완벽해!"

샤를리와 나는 오순도순 텔레비전을 봤어요.

갈색 동물 두 마리는 곁눈질로 서로를 훔쳐보았죠.

그날 어느 팀이 우승했는지는 잘 기억나지 않아요.

하지만 정말 재미있고 편안한 시간이었어요.

갈색 동물을 키우니까 정부에서 법을 잘 지키고 있다고 칭찬이라도 해 줄 것 같았지요.

이렇게 세상이 돌아가는 방향대로 순순히 따르기만 한다면,

언제까지나 마음 편하게 살아갈 수 있을 거예요.

언젠가 거리에서 마주친 한 아이가 떠오릅니다.

아이는 자기가 키우던 흰색 강아지를 어른들이 죽인 것을 보고 슬피 울고 있었어요.

그 아이에게 이렇게 말해 주고 싶었습니다.

"모든 강아지를 키울 수 없는 것은 아니란다. 갈색 강아지를 찾아보렴."

그러면 그 아이도 눈물을 그쳤을 거예요.

갈색 강아지를 키우다 보면 그 아이도 법을 지키고 살아가는 일이

얼마나 마음 편한 일인지 알게 될 거예요.

그러다 보면 옛날 강아지 따위는 금세 잊어버리겠죠.

그런데 어제, 도저히 믿을 수 없는 일이 일어났습니다.

갈색 옷을 입은 군인들이 나를 잡으러 온 거예요.

갈색 고양이를 키우고 있으니까 평화롭게 살 수 있으리라 굳게 믿고 있었는데 말이에요.

다행스럽게도 군인들은 우리 동네에 온 지 얼마 되지 않아 누가 누구인지 잘 몰랐어요.

내가 누구인지도 알 수 없었죠.

마침 나는 샤를리네 집에 가고 있던 참이었어요.

샤를리네 아파트에 도착하자마자 내 심장은 철렁 내려앉고 말았습니다.

현관문은 완전히 부서져 있었고,

총을 든 군인 두 명이 계단에 떡 버티고 서서 몰려든 사람들을 돌려보내고 있었어요.

나는 위층으로 올라가는 척하다가 다시 엘리베이터를 타고 아래층으로 내려갔어요.

사람들이 소곤거리는 소리가 들려왔습니다.

"무슨 일이죠? 샤를리는 갈색 개를 키우고 있었잖아요. 내가 봤어요!"

"맞아요. 하지만 예전에 길렀던 개가 검은색이었대요.

그래서 군인들이 잡으러 온 거래요."

"세상에! 말도 안 돼요. 예전에 키우던 개가 검은색이라는 이유로 잡으러 왔다고요?"

"이제부터는 예전에 키우던 개도 문제 삼겠대요."

"큰일이에요. 숨길 수도 없는 일이잖아요.

이웃집에 물어보면 금세 알 테니까요!"

나는 빨리 집으로 돌아가고 싶었습니다. 등에서 식은땀이 났어요.

전에 기르던 동물이 갈색이 아닌 것도 죄가 된다면 나 역시 군인들에게 잡혀가겠죠.

내가 예전에 얼룩 고양이를 기른 사실은 우리 아파트 사람 모두가 알고 있으니까요.

예전에 키우던 동물이 갈색이 아닌 것도 죄가 된다니!

이런 일이 생길 줄은 정말 꿈에도 몰랐어요.

오늘 아침, 〈갈색 라디오〉에서 그 소식이 흘러나왔습니다.

500명이나 되는 사람들이 붙잡혀 갔대요. 틀림없이 샤를리도 그 안에 있을 거예요.

사람들을 잡아간 이유는 최근에 갈색 동물로 바꾸었어도

마음까지 변한 건 아니기 때문이래요.

라디오 아나운서는 "갈색이 아닌 개나 고양이를 기른 적이 있으면,

그게 예전이었다 해도 법을 어긴 것입니다."라고 말했어요.

심지어 '국가 반역죄'를 들먹였어요. 그다음 내용은 더 끔찍했어요.

설령 법을 어긴 적이 없다고 하더라도 부모, 형제, 친척 들 중에서 단 한 명이라도,

단 한 번이라도 갈색이 아닌 다른 색의 동물을 기른 적이 있다면 가족 모두 함께

벌을 받게 된대요. 정말 너무해요. 세상이 점점 이상해지고 있어요.

갈색 고양이를 키우기만 하면 안전할 줄 알았는데…….

하지만 저들이 예전에 키우던 동물의 색까지 문제 삼기로 한 이상,

나와 같은 사람들을 모두 체포하기 전에는

이 짓을 멈추지 않을 거예요!

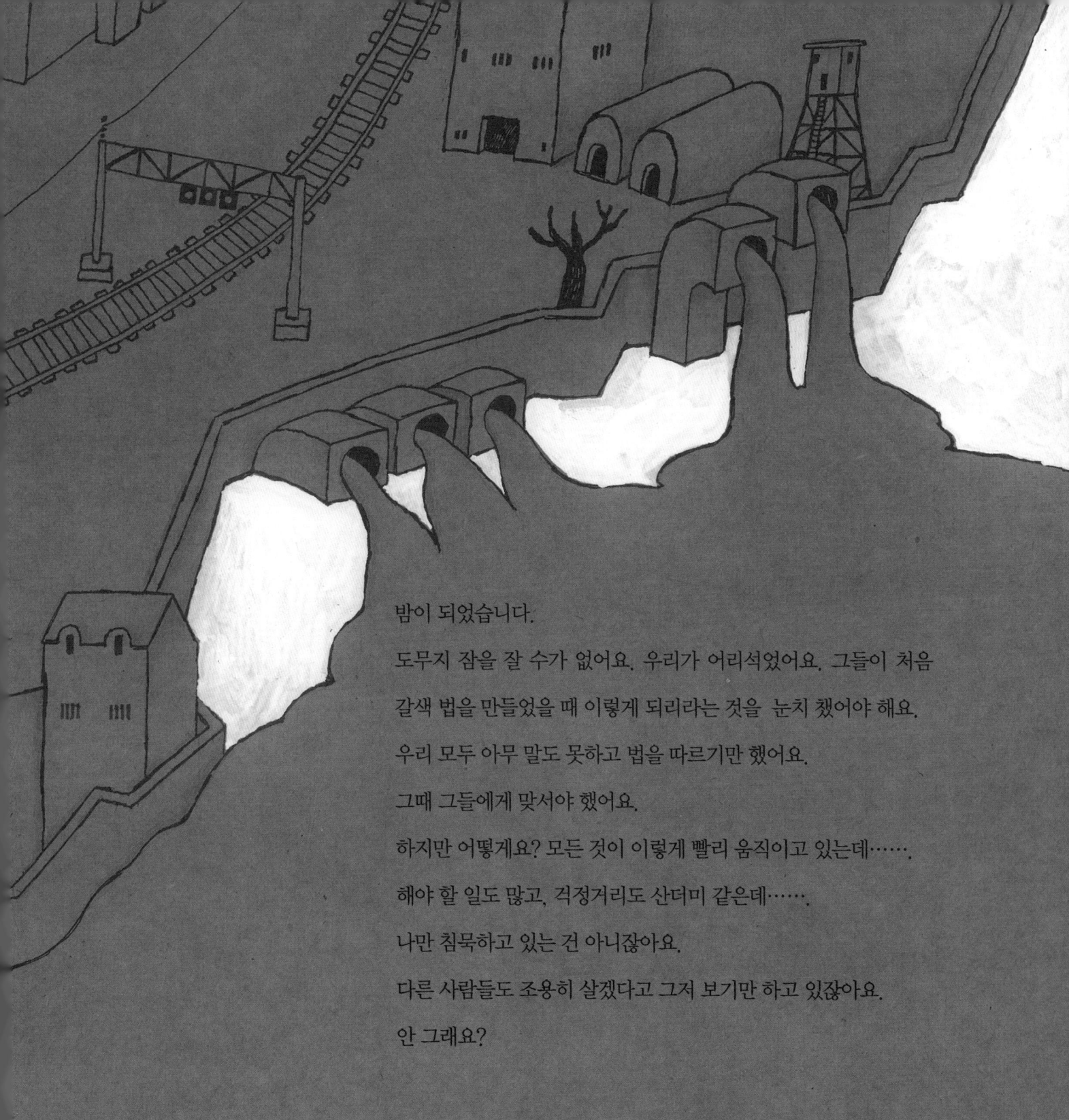

밤이 되었습니다.

도무지 잠을 잘 수가 없어요. 우리가 어리석었어요. 그들이 처음 갈색 법을 만들었을 때 이렇게 되리라는 것을 눈치 챘어야 해요.

우리 모두 아무 말도 못하고 법을 따르기만 했어요.

그때 그들에게 맞서야 했어요.

하지만 어떻게요? 모든 것이 이렇게 빨리 움직이고 있는데……

해야 할 일도 많고, 걱정거리도 산더미 같은데……

나만 침묵하고 있는 건 아니잖아요.

다른 사람들도 조용히 살겠다고 그저 보기만 하고 있잖아요.

안 그래요?

아아, 누군가 문을 두드립니다. 이렇게 이른 아침에 누굴까요? 무서워요…….
아직 해도 다 뜨지 않았는데……. 세상이 온통 갈색이에요.

쾅쾅! 쾅쾅!

알았어요. 그만 두드리세요.

나가요. 나간다니까요…….

추천의 글

평화는 일상을 누리는 것

    전쟁의 반대말은 평화가 아니라 일상이라고 합니다. 일상을 누리는 것이 곧 평화이니까요. 일상이란 밥 먹고 옷 입고 노는 일 같은 것들을 말합니다. 그런데 그런 일들을 누가 조종한다면 무척 혼란스럽겠지요? 우리가 원하는 일상은 거창한 것이 아닙니다. 내가 좋아하는 옷을 입고, 내가 좋아하는 개나 고양이를 기르고, 내가 좋아하는 일을 하며 사는 것입니다.

    그런데 어느 날 갑자기 옷 색깔이며 머리카락 길이며 치마 길이 등을 법으로 정해 그 기준을 지키지 않은 사람은 모두 처벌한다면 여러분은 어떤 기분이 들까요? 아마도 모두 어이없어 하며 숨이 막혀 죽을 지경이라고 아우성칠 것입니다.

    실제로 우리나라에서 그런 일이 있었습니다. 정부에서 정한 머리카락과 치마 길이에 따라 사람들을 처벌했지요. 1970년대에 벌어진 일이니 아주 오래전의 일도 아닙니다. 그때 남자들의 머리카락은 귀를 덮거나 옷깃까지 닿도록 기르는 것이 금지되었습니다. 그리고 여자들은 무릎 위로 15센티미터 이상 올라가는 짧은 치마를 입으면 안 되었습니다. 그런 모습으로 거리에 나가면 경찰에게 붙잡혔지요. 그래서 경찰을 보면 도망가는 젊은이가 많았습니다. 이런 일은 개성을 죽이는 일이기도 하지만, 무엇보다도 비정상적인 일입니다.

    《갈색 아침》은 어느 날 갑자기 비정상적인 일이 일어나서 일상을 누리지 못하게 된 사람들의 이야기입니다. 오로지 갈색 털을 가진 고양이나 개만 길러야 한다는 법이 생겨나면서 이야기는 시작됩니다. 갈색 고양이를 제외하고 그 밖의 고양이는 다 죽여야 한다는 법이 생기고, 이어서 갈색 개만 남기고 나머지 개는 다 죽여야 한다는 법도 생깁니다. 털이 갈색이든 흰색이든 얼룩무늬든 모두 똑같은 고양이고 개인데 말이에요. 어이없고 황당무계한 일입니다.

이렇게 독재 정부는 사람들이 생각지도 못한 일을 벌입니다. 사람들의 평안한 일상을 깨뜨리려는 것이지요. 정부가 그렇게 하는 이유는 뭘까요? 일반 시민들에게 공포감을 불어넣어서 자기들 입맛에 맞게 시민들을 마음대로 주무르기 위해서입니다. 그 결과 신문 이름에도 갈색이 들어가야 한다고 합니다. 사람들은 커피를 주문할 때 자기도 모르게 "갈색 커피 한 잔 주세요."라고 말합니다. 어느새 모든 말에 '갈색'이라는 단어를 붙이게 된 것입니다. 경마 게임에서 돈을 건 갈색 말이 우승하자, 정말 갈색이라면 뭐든지 좋은 것 같은 생각이 들기도 합니다. 사람들은 이렇게 어느 순간부터 '갈색법'에 적응하게 됩니다. 정부의 행동에 도리어 고개를 끄덕이게 되지요.

　하지만 독재 정부의 비정상적인 행동은 여기에 그치지 않습니다. 더 나아가 예전에 갈색이 아닌 다른 색깔의 동물을 키웠던 사람들까지도 처벌합니다. 참으로 어이없는 일이지요? 그렇다면 정부는 누군가가 과거에 갈색이 아닌 동물을 기른 사실을 어떻게 알까요? 독재 정부는 그런 사실을 알아내기 위해 이웃을 조사합니다. 이웃은 이웃의 사정을 잘 알 테니까요.

　독일의 독재 정권인 나치 치하에 살았던 신학자 마르틴 니묄러의 시가 떠오르는군요.

나치가 유대인을 잡아갈 때 / 나는 유대인이 아니어서 모른 체했고

나치가 가톨릭을 박해할 때 / 나는 가톨릭 신자가 아니어서 모른 체했고

나치가 공산주의자를 가둘 때 / 나는 당원이 아니어서 모른 체했고

나치가 노동조합원을 잡아갈 때 / 나는 조합원이 아니어서 모른 체했지

그들이 막상 내 집 문 앞에 들이닥쳤을 때 / 나를 위해 말해 주는 사람이 하나도 남지 않았다

남이 박해를 당할 때 모르는 체하고 침묵하면 결국은 나도 박해를 당하게 된다는 내용의 시입니다. 그때는 나를 위해 말해 줄 사람이 이미 아무도 없겠지요. 그러니까 생각이 깊은 사람들은 독재자가 못살게 굴면 침묵하지 않고 저항합니다. 독재자에게 그런 사람들은 눈엣가시 같은 아주 성가신 존재입니다. 그래서 독재자는 자신의 손발처럼 부릴 수 있는 사람을 좋아합니다.

　나치의 학살 주범이었던 칼 아돌프 아이히만도 그런 사람이었지요. 아이히만은 아주 평범하고 성실하기 짝이 없는, 이웃집 아저씨 같은 사람이었습니다. 그런 그가 어떻게 무지막지한 학살의 주범이 되었을까요? 그는 아무 생각 없이 조직의 명령에만 따랐습니다. 그가 한 번이라도 스스로 판단하고 "이건 아니야."라고 말했다면 나치의 손발이 되지는 않았겠지요.

　《갈색 아침》에 등장하는 일화는 단순해 보이지만 여러 생각을 하게 합니다. 무엇보다 일상이 깨지는 것은 곧 평화가 깨지는 일이라는 의미를 새기게 합니다. 나라끼리 벌이는 전쟁만이 평화를 깨뜨리는 것은 아닙니다. 독재 정부도 세상의 평화를 깨뜨립니다. 지키기 어려운, 아니 지킬 필요가 없는 악법을 만들어서 사람들에게 그것을 따르도록 강요합니다.

　독재 정부는 일상을 못 누리게 합니다. 평화를 깨뜨리는 것이지요. 그럼 일상을 온전히 누리기 위해서 우리는 어떻게 해야 할까요? 독재자는 자기가 다스리기 편하도록 모든 사람이 똑같아지기를 원합니다. 개성 있게 살려면 우리는 어떻게 해야 할까요? 《갈색 아침》을 읽고 나면 누구든 독재 정부가 왜 나쁜지 알게 될 것입니다.

박상률(작가)

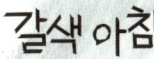

갈색 아침

1판 1쇄 발행일 2013년 11월 11일 | 1판 11쇄 발행일 2025년 4월 28일
글 프랑크 파블로프 | **그림** 레오니트 시멜코프 | **옮김** 해바라기 프로젝트 | **발행인** 김학원
기획·편집 이주은 박현혜 | **디자인** 유주현 | **스캔·출력** 이희수 com. | **용지** 화인페이퍼 | **인쇄** 삼조인쇄 | **제본** 제이엠플러스
발행처 휴먼어린이 | **출판등록** 제313-2006-000161호(2006년 7월 31일) | **주소** (03991) 서울시 마포구 동교로23길 76(연남동)
전화 02-335-4422 | **팩스** 02-334-3427 | **홈페이지** www.humanistbooks.com

ⓒ 휴먼어린이, 2013

ISBN 978-89-6591-029-9 77860

이 책은 저작권법에 따라 보호받는 저작물이므로 무단 전재와 무단 복제를 금합니다.
이 책의 전부 또는 일부를 이용하려면 반드시 저작권자와 휴먼어린이 출판사의 동의를 받아야 합니다.